EIS-ZEIT

Like Ice in the Sunshine ...

Bringen Sie nicht nur sich, sondern auch Ihre Gäste
zum Schmelzen. Eis mit Stil: als edler Tiefkühlaperitif, als Halbgefrorenes, als fruchtig-frische
oder sahnig-cremige Streicheleinheit für den
Gaumen. Unwiderstehlich und einfach himmlisch
sind diese Eiskreationen. Zum Selbermachen und
zum Aufpeppen von Fertigeis. Nicht nur im Sommer,
in jeder Jahreszeit gibt es Gelegenheit zur Eis-Zeit.
Auf ins kühle Vergnügen.

SCHOKOLADENEIS MIT KARAMELLSAUCE

➤ cremig

Bei diesem Schokoeis werden Kindheitsträume wahr

Zutaten für 12 Kugeln:

- *250 ml Milch*
- *100 g Zartbitterschokolade*
- *1/2 TL Espressopulver*
- *2 frische Eigelbe*
- *80 g Zucker*
- *200 g Sahne*
- *Für die Karamellsauce:*
- *3 EL Ahornsirup*
- *1 EL Zucker*
- *150 g Sahne*
- *50 g gehackte Walnüsse*

ZUBEREITUNGSZEIT: 40 MIN.
GEFRIERZEIT: 12 STD.
PRO KUGEL ETWA: 860 KJ/205 KCAL

1 Die Milch erhitzen. Die Schokolade in Stücke brechen und mit Espressopulver zur Milch geben. Kräftig verrühren und beiseite stellen.

2 Eigelbe mit Zucker cremig rühren. Die Schokoladenmilch unterrühren und im Wasserbad (Seite 24) dickcremig aufschlagen. Unter Rühren abkühlen lassen.

3 Die Sahne leicht cremig schlagen und mit der Schokoladenmasse vermischen. Die Creme in der Eismaschine unter Rühren fest werden lassen oder in eine zum Tiefkühlen geeignete Schüssel oder Form (1 l Inhalt) geben und 12 Std. tiefgefrieren.

4 Für die Sauce Ahornsirup, Zucker und Sahne zum Kochen bringen. Die gehackten Walnüsse unterrühren und 5 Min. unter Rühren kochen lassen. Zum Abkühlen in den Kühlschrank stellen. Mit Schokoladen- oder Vanilleeis (Seite 19) servieren.

! **VARIANTE:** Für Schokoladen-Walnuss-Eis 3 EL Ahornsirup und 1 EL Zucker unter Rühren erhitzen und 50 g gehackte Walnüsse darin karamellisieren. Nüsse zum Abkühlen auf mit Öl bestrichenes Backpapier geben. Nach dem Erkalten in Stücke brechen und unter die vorbereitete Eismasse rühren. In eine Schüssel oder Form füllen und mindestens 12 Std. tiefgefrieren.

SOFTEIS

➤ schnell

Fertigeis fix aufgepeppt zum soften Eisvergnügen

HIMBEERSOFTEIS

Zutaten für 6 Portionen:

- 500 ml Himbeereis (fertig gekauft)
- 150 g Sahne
- 1 EL Himbeersirup
- 6 Fertig-Eishörnchen

Zubereitungszeit: 10 Min.
Kühlzeit: 15 Min.
Pro Portion etwa: 1300 kJ/310 kcal

1 Das Himbeereis etwas antauen lassen und cremig rühren. Die Sahne cremig schlagen, Himbeersirup und Himbeereis unterrühren und 15 Min. tiefkühlen.

2 Das Eis kurz durchrühren, in einen Spritzbeutel mit gezackter Tülle füllen und in die Hörnchen spritzen.

ERDBEERSOFTEIS

Zutaten für 6 Portionen:

- 500 ml Erdbeereis (fertig gekauft)
- 200 g Erdbeeren
- 1 EL Erdbeersirup
- 100 g Sahnejoghurt
- 6 Fertig-Eishörnchen

Zubereitungszeit: 10 Min.
Kühlzeit: 15 Min.
Pro Portion etwa: 1100 kJ/260 kcal

1 Das Erdbeereis etwas antauen lassen. Die Erdbeeren waschen und klein schneiden. Mit Erdbeersirup und Sahnejoghurt verrühren und unter das Erdbeereis rühren.

2 Das Eis 15 Min. tiefkühlen, nochmals durchrühren und mit einem Spritzbeutel mit gezackter Tülle in die Hörnchen spritzen.

 VARIANTE: Für Vanillesofteis 500 g angetautes Vanilleeis (fertig gekauft oder Rezept Seite 19) etwas antauen lassen. 150 g Sahne oder Mascarpone mit 1 TL Bourbon-Vanillezucker cremig schlagen. Das Eis unterrühren. Eismasse 15 Min. tiefkühlen. Nochmals durchrühren, mit einem Spritzbeutel in Hörnchen spritzen.

EIS AM STIEL

➤ **nicht nur für Kinder**

Fruchtig frische Leckerschmecker – knallbunt und genau richtig an heißen Tagen

PFEFFERMINZEIS

Zutaten für 4 Stück:

- 150 g Zucker
- 50 ml Pfefferminzlikör (grüner Bols)
- 4 Stieleis-Formen (aus dem Haushalts-warenladen; ersatzweise Joghurtbecher)

ZUBEREITUNGSZEIT: 20 MIN.
GEFRIERZEIT: 12 STD.
PRO STÜCK ETWA: 715 KJ/170 KCAL

1 Den Zucker mit 200 ml Wasser aufkochen und bei mittlerer Hitze in 5 Min. sirupartig einkochen lassen. Die Formen für das Eis am Stiel heiß auswaschen.

2 50 ml Zuckersirup mit 100 ml Wasser und Pfefferminzlikör gründlich verrühren. In die Eisbehälter füllen und 12 Std. tiefkühlen.

3 Das Eis aus den Formen nehmen und nach Belieben Holzstäbchen ins Eis stecken.

ORANGENEIS

Zutaten für 4 Stück:

- 150 g Zucker
- 150 ml Orangensaft
- 4 Stieleis-Formen (aus dem Haushalts-warenladen; ersatzweise Joghurtbecher)

ZUBEREITUNGSZEIT: 20 MIN.
GEFRIERZEIT: 12 STD.
PRO STÜCK ETWA: 675 KJ/160 KCAL

1 Den Zucker mit 200 ml Wasser aufkochen und bei mittlerer Hitze in 5 Min. sirupartig einkochen lassen. Die Formen für das Eis am Stiel heiß auswaschen.

2 50 ml Zuckersirup mit dem Orangensaft verrühren. In die Eisbehälter füllen und 12 Std. tiefkühlen.

3 Das Eis aus den Formen nehmen und nach Belieben Holzstäbchen ins Eis stecken.

 VARIANTE: Für Campari-Eis 50 ml Orangensaft mit 100 ml Campari verrühren, in Eis-behälter füllen und 12 Std. tiefkühlen.

TARTUFFO

➤ raffiniert

Dieser kleine verführerische »Italiener« bringt jeden zum Schmelzen

Zutaten für 12 Kugeln:

- 1000 ml Vanilleeis
  (fertig gekauft oder Rezept Seite 19)
- 12 Amarettini
- 2 EL Mandellikör
  (ersatzweise Pfirsich- oder Aprikosensaft)
- 150 g Vollmilchkuvertüre
- 100 g fertige Zartbitter-Schokoglasur
- 30 g Krokant (Fertigprodukt)

ZUBEREITUNGSZEIT: 1 STD.
GEFRIERZEIT: 8 STD.
PRO KUGEL ETWA: 1130 KJ/270 KCAL

1 Das Vanilleeis im Kühlschrank etwas antauen lassen. Ein Tablett mit Klarsichtfolie auslegen und im Tiefkühlfach vorkühlen. Die Amarettini in einer flachen Schale mit Mandellikör beträufeln.

2 Mit einem Eisformer aus dem Vanilleeis eine Kugel formen, in die Kugel ein Amarettini drücken, die Vertiefung mit Eis zustreichen und die Kugel aufs Tablett setzen. Auf diese Weise 12 Kugeln formen. 2 Std. tiefkühlen.

3 Kuvertüre und Schokoglasur in Stücke brechen und im Wasserbad (Seite 24) unter Rühren schmelzen lassen. Krokant aus der Tüte nehmen.

4 Die Eiskugeln aus dem Tiefkühlfach nehmen. Jeweils 1 Kugel auf eine breite Palette oder einen Schaumlöffel setzen und über den Topf mit der geschmolzenen Schokolade halten. Mit einem Löffel schnell flüssige Schokolade über die Kugel gießen. Die Kugeln mit Krokant bestreuen, aufs Tablett setzen und 6 Std. tiefkühlen.

TIPP: Sie können Tartuffo auch aus Schokoladeneis zubereiten und jeweils 1 Amarenakirsche in die Mitte setzen.

KOKOS-EISBÄLLCHEN

➤ **dekorativ**

Lust auf Karibik? Einfach genießen und träumen

Zutaten für 16 Bällchen:

- *200 g Kokoscreme (aus dem Asienladen)*
- *100 g Sahne*
- *1 EL Kokoslikör (Batida de Coco)*
- *500 ml Vanilleis (fertig gekauft oder Rezept Seite 19)*
- *60 g Kokosflocken*

ZUBEREITUNGSZEIT: 20 MIN.
KÜHLZEIT: 1 STD.
PRO BÄLLCHEN ETWA: 400 KJ/95 KCAL

1 Ein Tablett mit Klarsichtfolie auslegen und im Tiefkühlfach vorkühlen. Die Kokoscreme in kleine Würfel schneiden, mit der Sahne in einem Topf bei schwacher Hitze glatt rühren und abkühlen lassen. Den Kokoslikör unterrühren.

2 Das Vanilleeis etwas antauen lassen und cremig rühren. Die Kokos-Sahne-Creme unterrühren.

3 Das Kokoseis mit zwei Teelöffeln oder einem kleinen Eiskugelformer zu kleinen Bällchen formen. Diese schnell in den Kokosflocken wälzen und nebeneinander auf das vorgekühlte Tablett setzen. Abdecken und 1 Std. tiefkühlen.

4 Die Kokos-Eisbällchen nach Belieben auf bunte Spieße stecken und servieren.

 TIPPS: Die Kokosbällchen mit Mangosirup, frischen Mangoschnitzen und Minzeblättern servieren. Oder auf einem Bananenblatt anrichten.

GRÜNES TEE-EIS MIT HIMBEERSAUCE

➤ gelingt leicht

Trend-Eis zum Selbermachen –
voll cool!

Zutaten für 12 Personen:

- 200 ml Milch
- 1 TL japanisches grünes Teepulver (ca. 5 g)
- 4 frische Eigelbe
- 80 g Zucker
- 400 g Sahne
- 400 g Himbeeren
- 1 Limette
- 2 EL Puderzucker
- 1 EL Himbeersirup

ZUBEREITUNGSZEIT: 40 MIN.
GEFRIERZEIT: 12 STD.
PRO PORTION ETWA: 790 KJ/190 KCAL

1 Eine zum Tiefkühlen geeignete Form oder Schüssel tiefkühlen. Die Milch in einem Topf kurz aufkochen lassen, Teepulver einrühren und im Kühlschrank abkühlen lassen.

2 Eigelbe mit Zucker im Wasserbad (Seite 24) dickschaumig aufschlagen. Die abgekühlte Teemilch einrühren und unter Rühren abkühlen lassen.

3 Die Sahne steif schlagen und mit der Teecreme gut vermischen. Die Form aus dem Tiefkühler nehmen, die Creme einfüllen und für 12 Std. ins Tiefkühlgerät stellen. Ab und zu umrühren.

4 Die Himbeeren verlesen und die Limette auspressen. Himbeeren, Limettensaft, Puderzucker und Himbeersirup in einer Schüssel gut vermischen. Zugedeckt 10 Min. durchziehen lassen. Die Himbeersauce pürieren, durch ein Sieb streichen und kühl stellen.

5 Das grüne Tee-Eis vor dem Servieren 10 Min. in den Kühlschrank stellen. Mit dem Eisportionierer Kugeln formen. Etwas Himbeersauce in den Eisbecher geben und die Eiskugeln darauf setzen.

MASCARPONE-MANGO-EIS

➤ **fruchtig**

Als eisiges Dessert genau das
Richtige nach dem Sommermenü

Zutaten für 12 Personen:

- *2 Dosen Mangos à 425 g*
- *250 g Mascarpone*
- *1 Zitrone*
- *2 frische Eigelbe*
- *1 Ei*
- *80 g Zucker*
- *300 g Sahne*
- *100 g Puderzucker*

ZUBEREITUNGSZEIT: 35 MIN.
GEFRIERZEIT: 6 STD.
PRO PORTION etwa: 1230 KJ/295 KCAL

1 Eine zum Tiefkühlen geeignete Form tiefkühlen. Die Mangos aus 1 Dose in einem
Sieb abtropfen lassen, dabei den Saft auf-
fangen. Die Früchte grob würfeln und im
Mixer pürieren. Das Mangopüree mit Mascarpone glatt rühren.

2 Die Zitrone auspressen. Den Saft mit den
Eigelben, Ei und Zucker in eine Edelstahlschüssel geben und im Wasserbad (Seite
24) dickschaumig aufschlagen. Die Mascar-
ponecreme unterrühren.

3 Die Sahne steif schlagen, mit der vorbereiteten Creme vermischen und in die gekühl-
te Form füllen. Das Eis 6 Std. gefrieren lassen, dabei ab und zu umrühren. Vor dem
Servieren 10 Min. in den Kühlschrank stellen, damit das Eis etwas antauen kann.

4 Für die Sauce die übrigen Mangos samt
Saft mit dem Puderzucker im Mixer pürieren und zum Eis servieren.

 TIPP: Statt Mascarpone können Sie für das Mango-Eis auch Ricotta (italienischen Frisch-
käse) nehmen.

Eiskaffee

2 Kugeln Vanilleeis ins Glas geben. 200 ml kalten Kaffee dazugießen. 50 g Sahne mit 1 TL Zucker steif schlagen, darauf geben. 1 TL Kaffeelikör darüber gießen.

Schokomilch

1/2 l Milch erwärmen, 1/2 TL Instantkaffee und 100 g Zartbitterschokolade in Stücken dazugeben, unter Rühren schmelzen, durchrühren und kühl stellen.

Affogato al caffè

Für 1 Glas: 2 Kugeln Vanilleeis in ein vorgekühltes Glas geben. 1 Tasse (50 ml) frisch gekochten starken Espresso darüber gießen und sofort servieren.

Eisschokolade

2 Kugeln Vanille- oder Schokoeis ins Glas geben. 200 ml kalte Schokomilch darüber gießen. 50 g Sahne mit 1 TL Zucker steif schlagen und darauf setzen.

Vanilleeis selber machen

1 Für etwa 500 ml Eis 250 ml Milch mit einer längs aufgeschlitzten Vanilleschote langsam erhitzen. Die Vanilleschote entfernen.

2 4 frische Eigelbe mit 160 g Zucker in einer Edelstahlschüssel cremig rühren. Diese Mischung mit der Vanillemilch im heißen Wasserbad (Seite 24) dickcremig schlagen.

3 Die Schüssel in einen Topf mit Eiswasser setzen und die Masse rühren, bis sie abgekühlt ist. 250 g Sahne unterrühren und die Vanillecreme im Kühlschrank kühlen lassen.

4 Abgekühlte Vanillecreme in der Eismaschine unter Rühren fest werden lassen. Im Tiefkühlfach über Nacht gefrieren. Das Eis hält 2 Wochen.
Insgesamt: 7780 kJ/1850 kcal

JOGHURT-EIS-MUFFINS

➤ raffiniert

Eiskalte Alternative zum Nachmittags-Kaffee an heißen Tagen

Zutaten für 12 Stück:

- *1 Limette*
- *3 EL Puderzucker oder flüssiger Honig*
- *600 g Sahnejoghurt*
- *250 g Sahne*
- *500 g gemischte Beeren (z. B. Johannisbeeren, Erdbeeren, Himbeeren)*
- *2 Zweige Zitronenmelisse*
- *Puderzucker zum Bestäuben*
- *1 Muffinsblech*
- *12 Papierbackförmchen*

ZUBEREITUNGSZEIT: 25 MIN.
GEFRIERZEIT: 6 STD.
PRO STÜCK ETWA: 660 KJ/160 KCAL

1 Das Muffinsblech im Tiefkühlfach vorkühlen. Die Limette auspressen.

2 Den Puderzucker oder den flüssigen Honig mit dem Sahnejoghurt und dem Limettensaft kräftig verrühren. Die Sahne cremig schlagen und mit dem Joghurt vermischen.

3 250 g Beeren vorsichtig waschen und putzen. Die übrigen Beeren beiseite legen.

4 Die vorbereiteten Beeren vorsichtig unter die Joghurtcreme heben. Das Muffinsblech aus dem Tiefkühlfach nehmen und Papierförmchen in die Vertiefungen setzen. Die Früchte-Joghurtcreme vorsichtig hineinfüllen. Mit Klarsichtfolie abdecken und 6 Std. tiefkühlen.

5 Vor dem Servieren die Muffins 15 Min. in den Kühlschrank stellen, damit sie etwas antauen können. Die restlichen Beeren waschen, putzen und mit Puderzucker bestäuben. Die Muffins mit Beeren und Zitronenmelisse auf Tellern anrichten.

ORANGENEIS

➤ für Gäste

Cremig fruchtiges Twin-set für
liebe Freunde

Zutaten für 6 Personen:

- *4 unbehandelte Orangen*
- *4 EL Zucker*
- *2 EL Orangenlikör*
- *1000 ml Vanilleeis*
  (fertig gekauft oder Rezept Seite 19)

ZUBEREITUNGSZEIT: 40 MIN.
GEFRIERZEIT: 6 STD.
PRO PORTION ETWA: 1380 KJ/330 KCAL

1 Die Orangen heiß abwaschen, abtrocknen, halbieren und den Saft auspressen. Von 1 Orange 1 TL Schale abreiben. Aus den restlichen 6 Orangenhälften mit einem Löffel oder kleinen Messer die weißen Häute entfernen. Die Orangenhälften im Tiefkühlfach vorkühlen.

2 Den Orangensaft mit der abgeriebenen Schale und dem Zucker aufkochen und bei starker Hitze 5–7 Min. sirupartig einköcheln lassen. Abkühlen lassen und Orangenlikör unterrühren.

3 Das Vanilleeis etwas antauen lassen und cremig rühren. Abgekühlten Orangensirup nach und nach unterrühren. Das Orangeneis 15 Min. tiefkühlen.

4 Das Orangeneis mit einem Löffel locker in die vorgekühlten Orangenhälften füllen und schnell wieder abgedeckt bis zum Servieren 5–6 Std. tiefkühlen.

! **TIPP:** Das Orangeneis sollten Sie nicht länger als 3 Tage vor dem Essen zubereiten.

EIS-GUGLHUPF

➤ **dekorativ**

Schmeckt nicht nur im Sommer!

Zutaten für 12 Personen:

- *200 g kandierte Früchte (Ananas, Melonen, Kirschen)*
- *2 EL Maraschino oder Grappa*
- *4 sehr frische Eiweiße*
- *200 g Puderzucker*
- *1000 g Sahne*
- *1 Guglhupfform mit 1 1/4 l Inhalt*

ZUBEREITUNGSZEIT: 40 MIN.
GEFRIERZEIT: 12 STD.
PRO PORTION ETWA: 1680 KJ/400 KCAL

1 Die Guglhupfform mit kaltem Wasser aus-spülen, mit Klarsichtfolie auslegen und im Tiefkühlfach vorkühlen.

2 Die kandierten Früchte fein würfeln, mit Maraschino oder Grappa mischen und zugedeckt 30 Min. durchziehen lassen.

3 Inzwischen ein Wasserbad vorbereiten: Einen Topf zur Hälfte mit Wasser füllen und dieses zum Sieden bringen. Eiweiße und Puderzucker in einer Edelstahlschüssel ver-rühren. Die Schüssel in den Topf mit dem siedenden Wasser stellen, ohne dass Was-ser hineingelangt. Die Masse mit dem Handrührgerät zu schnittfestem Eischnee schlagen. Die Sahne cremig schlagen.

4 Von den kandierten Früchten 1 EL beiseite stellen. Den Rest vorsichtig unter den Eischnee heben. Die Sahne unterziehen.

5 Die Form aus dem Tiefkühlfach nehmen und die Masse in die Form füllen, mit Klarsicht-folie abdecken und 12 Std. tiefkühlen.

6 Vor dem Servieren den Eis-Guglhupf aus der Form stürzen, Folie entfernen. Mit den restlichen Früchten bestreuen.

AZZURRO-MUSCHELN

> ➤ originell

Eine kalorienarme Erfrischung für die »Blue Hour«

Zutaten für 12 Stück:

- *80 g Zucker*
- *1 Zitrone*
- *2 EL Blue-Curaçao-Likör*
- *1 Madeleine-Förmchenblech (aus dem Haushaltswarenladen)*

ZUBEREITUNGSZEIT: 20 MIN.
GEFRIERZEIT: 12 STD.
PRO STÜCK ETWA: 135 KJ/30 KCAL

1 Das Madeleine-Förmchenblech mit kaltem Wasser ausspülen und im Tiefkühlfach vorkühlen.

2 100 ml Wasser erhitzen. Den Zucker darin unter Rühren auflösen. Die Zitrone auspressen, 100 ml Saft zum Zuckerwasser rühren. Alles aufkochen und bei mittlerer Hitze 5 Min. sirupartig einköcheln lassen. Den Topf zum Abkühlen in Eiswasser stellen.

3 Den Blue-Curaçao-Likör unter den abgekühlten Sirup rühren. Die Mischung in die vorgekühlten Förmchen gießen und 12 Std. tiefkühlen.

VARIANTE: Cremige Azzurro-Muscheln: 500 ml Vanilleeis leicht cremig rühren, den Curaçao-Sirup unterziehen und in die Formen füllen.
TIPP: Manchmal bekommt man in Haushaltswarenläden auch Eiswürfelbehälter in Muschelform oder anderen ungewöhnlichen Formen.

FRUCHTIGE SORBETS

➤ für Gäste

Eisige Früchtchen für zwischendurch – Ihre Gäste werden begeistert sein!

JOHANNISBEER-SORBET

Zutaten für 6 Personen:

- 500 g Johannisbeeren
- 1/8 l roter Johannisbeersaft
- 200 g Zucker • 1 Eiweiß
- 2 EL Johannisbeerlikör

ZUBEREITUNGSZEIT: 20 MIN.
GEFRIERZEIT: 4 STD.
PRO PORTION ETWA: 4530 KJ/1080 KCAL

1 Johannisbeeren waschen und mit einer Gabel von den Rispen abstreifen. Die Beeren mit Saft, 100 ml Wasser und Zucker in einen Topf geben, aufkochen und 3 Min. köcheln lassen.

2 Das Eiweiß steif schlagen. Nach dem Abkühlen die Johannisbeermasse durch ein Sieb streichen und in eine Metallschüssel füllen. Likör unterrühren und den Eischnee unterrühren. Im Tiefkühlfach 4 Std. gefrieren lassen. Dabei ab und zu durchrühren.

3 Das fertige Johannisbeer-Sorbet in Gläser füllen und servieren.

MELONEN-SORBET

Zutaten für 6 Personen:

- 1 reife Galia-Melone
- 1 Zitrone
- 100 g Puderzucker
- 1 Eiweiß

ZUBEREITUNGSZEIT: 20 MIN.
GEFRIERZEIT: 4 STD.
PRO PORTION ETWA: 490 KJ/115 KCAL

1 Die Melone halbieren, das Fruchtfleisch herauslösen, dabei die Kerne entfernen. Fruchtfleisch klein würfeln. Die Zitrone auspressen.

2 Das Fruchtfleisch mit dem Zitronensaft und dem Puderzucker fein pürieren. Das Eiweiß steif schlagen und unter das Melonenpüree ziehen. Die Masse gut durchrühren, in eine weite Metallschüssel füllen und 4 Std. tiefkühlen. Zwischendurch immer wieder durchrühren.

3 Das fertige Melonen-Sorbet in Gläser füllen und servieren.

CHAMPAGNER-SORBET

➤ edel

Erfrischender Tiefkühlaperitif –
vor und auch nach dem Essen
ein Genuss

Zutaten für 6 Personen:

- *1 unbehandelte Zitrone*
- *100 g Zucker*
- *1 sehr frisches Eiweiß*
- *1/4 l Champagner*

ZUBEREITUNGSZEIT: 25 MIN.
GEFRIERZEIT: 30 MIN. IN DER EISMASCHINE
ODER 5 STD. IM GEFRIERGERÄT
PRO PORTION ETWA: 400 KJ/100 KCAL

1 Die Zitrone heiß abwaschen, die Schale dünn abschneiden. Die Zitrone halbieren und auspressen.

2 Den Zucker mit 100 ml Wasser, Zitronensaft und -schale aufkochen, 5 Min. bei mittlerer Hitze einköcheln und abkühlen lassen. Schale herausnehmen, in dünne Streifen schneiden und beiseite legen.

3 Das Eiweiß steif schlagen. Champagner mit dem Zitronensirup verrühren. Eischnee unterrühren.

4 Die Champagner-Mischung in den Behälter der Eismaschine füllen und 30 Min. gefrieren. Oder in eine weite Metallschüssel oder einen Tiefkühlbehälter füllen und 5 Std. tiefkühlen, dabei alle 30 Min. durchrühren.

5 Das Sorbet vor dem Servieren kurz durchrühren. In einen Spritzbeutel mit großer gezackter Tülle füllen und in vorgekühlte Gläser spritzen oder mit dem Kugelausstecher portionieren. Mit Zitronenschalenstreifen garnieren.

TIPP: Für ein schnelles Champagner-Sorbet 250 ml Zitroneneis leicht antauen lassen, mit 100 ml Champagner verrühren, in Gläser füllen und servieren.

EISDRINKS MIT UND OHNE ALKOHOL

➤ schnell

Coole Drinks, die Ihre Gäste bestimmt nicht kalt lassen

STRAWBERRY-EISDRINK

Zutaten für 4 Personen:

: 300 g Erdbeeren (tiefgefroren)

: 2 EL Puderzucker

: 200 ml Milch

: 200 g Sahne

: 4 Kugeln Erdbeereis (fertig gekauft)

ZUBEREITUNGSZEIT: 10 MIN.
PRO PERSON ETWA: 1200 KJ/280 KCAL

1 Die tiefgefrorenen Erdbeeren mit dem Puderzucker vermischen und 5 Min. ziehen lassen.

2 Die Erdbeeren mit der Milch und der Sahne in einen Mixer geben und kräftig zu Erdbeermilch vermixen.

3 Jeweils 1 Kugel Erdbeereis ins Glas geben, mit der Erdbeermilch auffüllen und sofort servieren.

CAIPIRINHA-EISDRINK

Zutaten für 4 Personen:

: 3 unbehandelte Limetten

: 100 g Zucker

: 200 ml gekühltes Mineralwasser

: 1 EL Zuckerrohrschnaps oder Wodka

: 4 Kugeln Zitroneneis (fertig gekauft)

ZUBEREITUNGSZEIT: 10 MIN.
PRO PERSON ETWA: 675 KJ/160 KCAL

1 Limetten halbieren. 4–6 dünne Scheiben und etwas Schale abschneiden. Limetten auspressen. Saft mit Zucker aufkochen und köcheln lassen, bis sich der Zucker gelöst hat. Abkühlen lassen.

2 Limettensirup, Mineralwasser, Schnaps und Zitroneneis im Mixer kräftig mixen.

3 Gläser mit Limettenscheiben und -schale dekorieren, Drink einfüllen und servieren.

EINLADEN, FEIERN, GENIESSEN!

Hits aus der trendy Küche

**ISBN
3-7742-4858-3**
36 Seiten

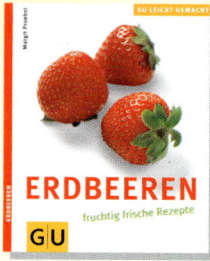

**ISBN
3-7742-1683-5**
36 Seiten

**ISBN
3-7742-3238-5**
36 Seiten

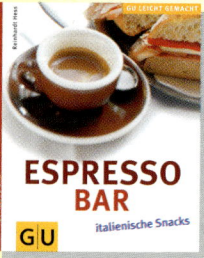

Gutgemacht. Gutgelaunt.

Impressum

© 2002 Gräfe und Unzer Verlag GmbH, München. Alle Rechte vorbehalten. Nachdruck, auch auszugsweise, sowie Verbreitung durch Film, Funk, Fernsehen und Internet, durch fotomechanische Wiedergabe, Tonträger und Datenverarbeitungssysteme jeder Art, nur mit schriftlicher Genehmigung des Verlages.

Redaktionsleitung: Birgit Rademacker
Redaktion: Sigrid Burghard
Lektorat: Linde Wiesner
Umschlag- und Innenlayout: independent Medien-Design
Titelfoto und Fotos S. 5, 11, 15, 17, 18, 29: FoodPhotography Eising / Martina Görlach / Andrea Holzer
Fotos S. 2, 7, 9, 13, 19, 21, 23, 25, 27, 31, 33: Fotostudio Teubner
Herstellung: Petra Roth
Satz: EDV-Fotosatz Huber / Verlagsservice G. Pfeifer, Germering / XML-strukturiert
Reproduktionen: Penta Repro München
Druck und Bindung: Alcione
ISBN: 3-7742-4853-2

Auflage: 5.   4.   3.   2.   1.
Jahr: 2006 2005 2004 2003 2002